Impressum

Roger Hügi, Roger Huegi Photograp...
info@rogerhphoto.ch

Bibliografische Information der Deutschen Nationalbibliothek:
Die Deutsche Nationalbibliothek verzeichnet diese Publikation in der Deutschen Nationalbibliografie; detaillierte bibliografische Daten sind im Internet über http://dnb.dnb.de abrufbar.

Herstellung und Verlag:
BoD – Books on Demand, Norderstedt

ISBN: 9783758363801

MIX
Papier aus verantwortungsvollen Quellen
Paper from responsible sources
FSC® C105338

Roger Hügi

Meister der Landschaft

Ein praktischer Leitfaden zur Landschaftsfotografie von Roger H Photography

Meister der Landschaft - Ein praktischer Leitfaden zur Landschaftsfotografie ist genau das Richtige für angehende Fotografen, die ihre Fähigkeiten erweitern möchten.

In diesem Buch findest du eine Fülle von Informationen und Tipps zur Ausrüstung, Techniken und Bildkomposition, die dir helfen werden, atemberaubende Landschaftsfotos zu machen.

Durch humorvolle Anekdoten und praktische Beispiele wird die komplexe Welt der Landschaftsfotografie leicht zugänglich und unterhaltsam gemacht. Egal, ob du gerade erst anfängst oder bereits Erfahrung hast, dieses Buch wird dich auf deiner fotografischen Reise begleiten und dir helfen, deine Fähigkeiten zu verbessern.

Von der Wahl des richtigen Standorts bis hin zur Beherrschung der Lichtverhältnisse - dieses Buch deckt alle Aspekte ab, die für beeindruckende Landschaftsaufnahmen erforderlich sind.

Bereite dich darauf vor, deine fotografischen Fähigkeiten auf ein neues Level zu bringen und die Schönheit der Natur mit deiner Kamera einzufangen!

Zusätzlich zum Buch gibt es einen exklusiven Online-Zusatz, der dir weiterführende Informationen und praktische Tipps bietet.

Meister der Landschaft

Roger Hügi (rogerhphoto.ch)

Inhaltsverzeichnis

PROLOG

Liebe Leserinnen und Leser,

als Dankeschön für eure Unterstützung und euer Interesse an meinem Buch möchte ich euch einen exklusiven Zugang zu zusätzlichen Informationen bieten. Auf meiner Webseite, rogerhphoto.ch, gibt es einen passwortgeschützten Bereich, in dem ihr exklusive Details wie Standortinformationen und Kameraeinstellungen zu den 12 ausgewählten Bildern aus dem Buch findet.

Das Passwort und die Links für diesen Bereich findet ihr am Ende des Buches. Besucht rogerhphoto.ch und gebt das Passwort ein, um Zugang zu den Informationen zu erhalten. Ich hoffe, dass euch diese zusätzlichen Einblicke inspirieren.

Herzliche Grüsse,

Roger

1.0. DIE MAGIE DER LANDSCHAFTSFOTO-GRAFIE: WARUM WIR UNS IN SIE VERLIEBEN

Herzlich willkommen zum Abenteuer namens Landschaftsfotografie!
Wenn du hier gelandet bist, bist du entweder ein begeisterter Landschaftsfotograf oder jemand, der versehentlich in dieses Buch gestolpert ist und jetzt neugierig ist, was die Landschaftsfotografie so faszinierend macht. Nun, egal, aus welchem Grund du hier bist, ich verspreche dir, dass du nicht enttäuscht sein wirst!

In diesem Kapitel werden wir in die faszinierende Welt der Landschaftsfotografie eintauchen und herausfinden, warum sie uns alle so verzaubert. Wir werden die Magie der Natur, die Freiheit des Entdeckens und die unendlichen Möglichkeiten der kreativen Selbstentfaltung durch die Linse erkunden. Bereit für das Abenteuer deines Lebens? Dann lass uns loslegen!

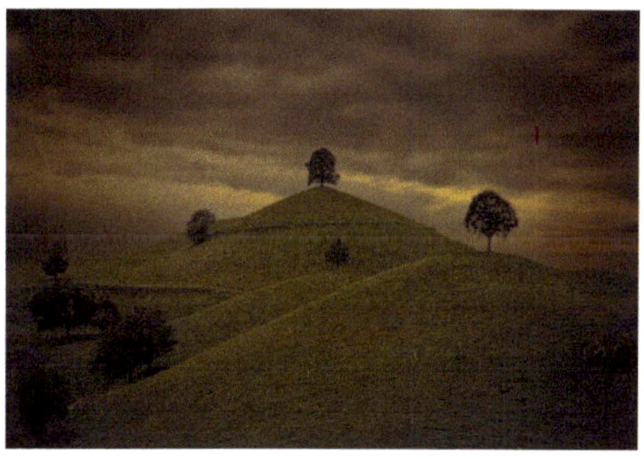

Abbildung 1 Drumlins in Neuheim, Kanton Zug

1.1 Definition und Bedeutung von Landschaftsfotografie

Hallo zur ersten Etappe unserer Reise durch die verlockende Welt der Landschaftsfotografie! Aber Moment mal, was genau ist Landschaftsfotografie überhaupt? Nun, liebe Leserinnen und Leser, Landschaftsfotografie ist wie eine Liebeserklärung an die Natur. Es geht darum, die Schönheit unserer Umgebung einzufangen und sie in Bildern einzufangen, die die Seele berühren. Es ist die Kunst, das Auge für Details zu schärfen, die Schönheit im Unscheinbaren zu entdecken und Momente der Erhabenheit festzuhalten, die sonst vielleicht übersehen würden.

1.2 Warum Landschaftsfotografie faszinierend ist

Ah, die Faszination der Landschaftsfotografie! Was zieht uns nur so magisch an diesen unberührten Horizonten, majestätischen Bergen und sanften Flussläufen an? Nun, meine Freunde, es ist die endlose Suche nach dem Perfekten, das Streben nach dem Unerreichbaren und das Verlangen, die Schönheit dieser Welt in all ihren Facetten festzuhalten. Die Landschaftsfotografie ist wie eine Reise ins Ungewisse, eine Expedition in die unbekannten Weiten der Natur, bei der wir uns verlieren und gleichzeitig uns selbst finden können.

1.3 Die Herausforderungen und Belohnungen der Landschaftsfotografie

Aber haltet euch fest, denn die Landschaftsfotografie ist nicht nur Sonnenschein und Regenbogen! Oh nein, meine tapferen Entdeckerinnen und Entdecker, es gibt auch stürmische Zeiten und steinige Pfade auf dieser Reise. Von den unvorhersehbaren Launen des Wetters bis hin zu den unzähligen Kilometern, die wir wandern müssen, um den perfekten Blickwinkel zu finden - die Herausforderungen sind real. Aber wisst ihr was? Die Belohnungen sind es wert! Denn wenn wir endlich den Gipfel erklimmen, den goldenen Sonnenuntergang einfangen oder die glitzernden Sterne über uns betrachten, wissen wir, dass jeder Schritt, jedes Hindernis und jeder Moment der Mühe es wert waren. Denn in der Landschaftsfotografie finden wir nicht nur atemberaubende Bilder, sondern auch unser eigenes kleines Stück vom Paradies.

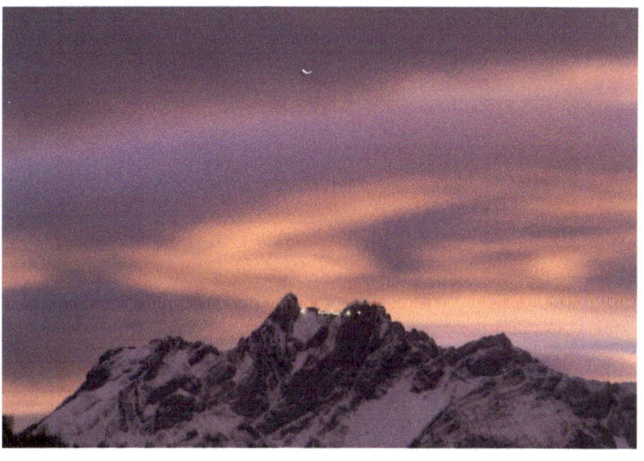

Abbildung 2 Pilatus im Abendhimmel

2.0. Die Helden des Lichts: Landschaftsfotografen und ihre Ausrüstung

2.1 Kameraauswahl: APS-C oder Vollformat?

Stell dir vor, du stehst vor einem Dilemma, das so alt ist wie die Fotografie selbst: APS-C oder Vollformat? APS-C-Kameras sind kompakt, erschwinglich und bieten oft eine gute Leistung. Sie sind ideal für Reisen oder den täglichen Gebrauch und können mit einer Vielzahl von Objektiven kompatibel sein. Durch ihren kleineren Sensor können sie jedoch bei schlechten Lichtverhältnissen oder hohen ISO-Werten an Bildqualität verlieren. Vollformatkameras hingegen bieten eine höhere Bildqualität und sind besonders in schwierigen Lichtverhältnissen überlegen. Ihr größerer Bildsensor ermöglicht eine bessere Detailwiedergabe, einen größeren Dynamikbereich und eine verbesserte Leistung bei High-ISO-Aufnahmen. Dies macht sie ideal für professionelle Fotografen oder anspruchsvolle Hobbyisten, die höchste Bildqualität anstreben.

Letztendlich kommt es darauf an, was du bevorzugst: Mobilität und Budgetfreundlichkeit oder ultimative Bildqualität und Leistung. Überlege dir, welche Art von Fotografie du am meisten betreibst und welche Anforderungen du an deine Kamera hast. Aber sei beruhigt, egal für welche Kamera du dich entscheidest, das Wichtigste ist, dass du sie beherrschst und das Beste aus ihr herausholst!

Vor- und Nachteile von APS-C-Kameras:

Vorteile:
- Kompaktes und leichtes Gehäuse, ideal für unterwegs und Reisen.
- Preiswerter in der Anschaffung im Vergleich zu Vollformatkameras.

APS-C-Objektive sind oft günstiger und leichter.

Nachteile:
- Kleinerer Sensor führt zu potenziell schlechterer Bildqualität bei schlechten Lichtverhältnissen.
- Geringere Möglichkeiten bei der Steuerung der Tiefenschärfe im Vergleich zu Vollformat.

Eventuell weniger Auswahl an speziellen Objektiven und Zubehör.

Vor- und Nachteile von Vollformatkameras:

Vorteile:
- Höhere Bildqualität durch grösseren Sensor, besonders bei schlechten Lichtverhältnissen.
- Bessere Kontrolle über die Tiefenschärfe für kreativere Aufnahmen.

Grösseres Angebot an spezialisierten Objektiven und Zubehör.

Nachteile:
- Grösseres und schwereres Gehäuse, weniger portabel.
- Höhere Anschaffungskosten im Vergleich zu APS-C-Kameras.

Vollformatobjektive können teurer und schwerer sein.

Checkliste für die Kameraauswahl

Bevor du deine Entscheidung triffst, ob du eine APS-C- oder Vollformatkamera kaufen möchtest, solltest du folgende Punkte beachten:

- Budget: Wie viel möchtest du für deine Kameraausrüstung ausgeben?
- Anforderungen: Welche Funktionen und Leistungsmerkmale sind dir wichtig? (Bildqualität, Low-Light-Fähigkeit, Portabilität usw.)
- Verwendungszweck: Wirst du die Kamera hauptsächlich für Landschaftsfotografie verwenden oder auch für andere Arten von Fotografie?
- Objektivauswahl: Welche Objektive stehen für das gewählte Kamerasystem zur Verfügung und wie teuer sind sie?
- Langfristige Perspektive: Planst du, deine Ausrüstung in Zukunft zu erweitern oder zu aktualisieren?

Nachdem du diese Punkte berücksichtigt hast, kannst du eine fundierte Entscheidung treffen, welche Kameratyp am besten zu deinen Bedürfnissen passt.

2.2 Objektivauswahl für verschiedene Landschaftsszenarien

Ein Landschaftsfotograf ohne sein Objektiv ist wie ein Pirat ohne sein Schiff - halb so spannend! Weitwinkelobjektive sind perfekt für atemberaubende Panoramen, während Teleobjektive dir helfen, entfernte Details einzufangen. Vergiss auch nicht die Vielseitigkeit eines Standardobjektivs und die faszinierenden Details, die du mit einem Makroobjektiv entdecken kannst. Wähle deine Waffe weise, mein Freund, denn jedes Objektiv erzählt eine andere Geschichte!

Weitwinkelobjektive (Brennweite unter 35mm):

Bereite dich darauf vor, in die Tiefen der Landschaft einzutauchen und atemberaubende Panoramen zu erleben! Weitwinkelobjektive sind deine Eintrittskarte in die Welt der epischen Aussichten und majestätischen Horizonte. Mit Brennweiten von unter 35mm erfassen sie einen unglaublich grossen Bildwinkel und fangen die gesamte Pracht der Natur ein. Von weiten Feldern über majestätische Berggipfel bis hin zu unendlichen Horizonten - mit einem Weitwinkelobjektiv hast du die Welt buchstäblich zu deinen Füssen!

Mit Brennweiten von 14-24mm oder 16-35mm erfassen sie einen unglaublich grossen Bildwinkel und fangen die gesamte Pracht der Natur ein.

Standardzoomobjektive (Brennweite 24-70mm):

Für die perfekte Balance zwischen Vielseitigkeit und Qualität ist ein Standardzoomobjektiv unverzichtbar. Mit Brennweiten von 24-70mm bietet es dir die Flexibilität, nahezu jedes Landschaftsszenario einzufangen. Von beeindruckenden Panoramen bis hin zu detaillierten Nahaufnahmen bietet dir ein Standardzoomobjektiv die Freiheit, deiner Kreativität freien Lauf zu lassen. Also schnapp dir deine Kamera, zoom rein oder raus und entdecke die unendlichen Möglichkeiten, die sich dir bieten!

Teleobjektive (Brennweite über 70mm):

Bereit für die ultimative Nahaufnahme? Ein Teleobjektiv ist wie ein magisches Teleskop, das dir ermöglicht, entfernte Details ganz nah heranzuholen. Mit Brennweiten von 70-200mm oder 100-400mm kannst du die Welt mit völlig neuen Augen sehen und Details entdecken, die mit blossem Auge nicht sichtbar sind. Von Berggipfeln über Wasserfälle bis hin zu fernen Horizonten - ein Teleobjektiv öffnet dir Türen zu einer Welt voller faszinierender Details und unendlicher Möglichkeiten!

Makroobjektive (Brennweite 60mm bis 105mm):

Für diejenigen, die die kleinen Wunder der Natur entdecken möchten, ist ein Makroobjektiv ein absolutes Muss! Mit Brennweiten von 60mm bis 105mm und einer unglaublichen Nahfähigkeit ermöglicht es dir, die faszinierenden Details und feinen Strukturen der Natur in ihrer ganzen Pracht einzufangen.

2.3 Stativ: Ein Freund, auf den du zählen kannst

Das Stativ - dein treuer Begleiter in guten und in schlechten Zeiten! Wenn du auf der Suche nach gestochen scharfen Aufnahmen und atemberaubenden Langzeitbelichtungen bist, ist ein Stativ ein absolutes Muss. Aber achte darauf, dass du ein robustes und dennoch leichtes Modell wählst, das perfekt zu deinem Abenteuerstil passt. Denn am Ende des Tages ist ein Stativ nicht nur ein Werkzeug, sondern auch ein treuer Freund, der dich auf all deinen fotografischen Reisen begleitet.

Doch bevor wir uns in die Details stürzen, lass mich dir eine kleine Anekdote über mich erzählen.

Als Fotograf und leidenschaftlicher Reisender ist Mobilität für mich von entscheidender Bedeutung. Ich habe immer ein kleines, leichtes Stativ dabei, das mich auf all meinen Abenteuern begleitet. Es ist perfekt für spontane Aufnahmen und ermöglicht es mir, auch unterwegs stabile und gestochen scharfe Bilder zu machen. Doch wenn ich weiss, dass ich eine bestimmte Szene einfangen möchte oder besondere Stabilität benötigt wird, packe ich mein grösseres Stativ ein. Es ist zwar etwas sperriger, aber ich weiss, dass es mir die Qualität und Stabilität bietet, die ich brauche, um meine Vision zu verwirklichen.

Nun aber zurück zum Thema: Warum ist ein Stativ so wichtig und wie wählt man das richtige aus?

Warum ist ein Stativ wichtig?

Ein Stativ ist wie ein ruhender Anker in einer Welt voller Bewegung. Es ermöglicht dir, deine Kamera stabil zu positionieren und gestochen scharfe Bilder auch bei längeren Belichtungszeiten zu machen. Besonders in der Landschaftsfotografie, wo oft schwierige Lichtverhältnisse und weite Panoramen eine Rolle spielen, ist ein Stativ unverzichtbar, um die bestmögliche Bildqualität zu erzielen. Darüber hinaus ermöglicht es dir, deine Komposition sorgfältig zu planen und jedes Detail deiner Umgebung einzufangen.

Wie wählt man das richtige Stativ aus?

Bei der Auswahl eines Stativs gibt es einige wichtige Faktoren zu beachten:

- Stabilität: Achte darauf, dass das Stativ stabil genug ist, um deine Kamera und Objektive sicher zu halten. Ein Stativ mit ausreichendem Gewicht und einem stabilen Aufbau ist ideal, um Verwacklungen zu minimieren.
- Tragbarkeit: Wenn du viel unterwegs bist und das Stativ häufig mitnehmen möchtest, ist ein leichtes und kompaktes Modell empfehlenswert. Achte darauf, dass es sich einfach zusammenklappen und transportieren lässt, ohne zu viel Platz einzunehmen.

- Höhe und Flexibilität: Überprüfe die maximale Höhe des Stativs, um sicherzustellen, dass es für deine Bedürfnisse ausreichend ist. Ein Stativ mit verstellbaren Beinen und einem beweglichen Kopf ermöglicht es dir, die Kamera in verschiedenen Winkeln zu positionieren und unterschiedliche Perspektiven zu erkunden.
- Material: Stativbeine aus Aluminium sind robust und preisgünstig, während Stativbeine aus Carbon leichter und stabiler sind, aber auch teurer. Wäge deine Bedürfnisse und dein Budget sorgfältig ab, um das richtige Material für dich zu wählen.
- Kopf: Der Stativkopf ist das Verbindungsglied zwischen Kamera und Stativbeinen und sollte eine stabile und präzise Positionierung der Kamera ermöglichen. Es gibt verschiedene Arten von Stativköpfen, darunter Kugelköpfe, Neigeköpfe und Panoramaköpfe. Wähle den Kopf, der am besten zu deinem Fotografie-Stil passt und eine einfache Handhabung ermöglicht.

Indem du diese Faktoren berücksichtigst und das für dich passende Stativ auswählst, wirst du in der Lage sein, deine fotografischen Fähigkeiten auf ein neues Level zu heben und die Schönheit der Landschaft in ihrer ganzen Pracht einzufangen.

2.4 Filter: Die Zaubertricks der Landschaftsfotografie

Nun kommen wir zu den Zaubertricks der Landschaftsfotografie - den Filtern! ND-Filter, Verlaufsfilter, Polarisationsfilter - sie sind die Geheimwaffe eines jeden Landschaftsfotografen und ermöglichen es uns, die Welt durch eine andere Linse zu betrachten (wortwörtlich!). Ein ND-Filter kann dabei helfen, Bewegungseffekte zu erzielen, während ein Verlaufsfilter den Kontrast ausgleicht und ein Polarisationsfilter unerwünschte Reflexionen reduziert. Aber Vorsicht, junger Fotograf - mit grossen Kräften kommen grosse Verantwortung!

ND-Filter: Die Geheimwaffe gegen zu viel Licht

Beginnen wir mit dem ND-Filter, dem unverzichtbaren Begleiter eines jeden Landschaftsfotografen. ND steht für "Neutral Density" und dieser Filter ist wie ein Sonnenschutz für deine Kamera. Er reduziert die Menge an Licht, die durch das Objektiv gelangt, ohne die Farbgebung zu beeinflussen. Dadurch kannst du längere Belichtungszeiten verwenden, um Bewegungseffekte zu erzielen, wie das Verschwimmen von Wasser oder das Weichzeichnen von bewegten Wolken. Ein Must-have für jede Landschaftsfotografie-Ausrüstung!

Meine Ausrüstung:

Ich persönlich benutze ein ND-Filter-Set, das mir eine breite Palette an Belichtungsmöglichkeiten bietet. In meinem Set habe ich Filter mit verschiedenen Dichten, darunter ND8, ND64, ND512, ND1000 und ND2000. Jeder dieser Filter blockiert unterschiedliche Mengen an Licht, was es mir ermöglicht, die Belichtungszeit je nach Lichtverhältnissen und gewünschtem Effekt anzupassen.

Der ND8-Filter ist ideal für leichtes bis mässiges Tageslicht und ermöglicht es mir, etwas längere Belichtungszeiten zu verwenden, um sanfte Bewegungseffekte zu erzielen. Wenn das Licht heller wird, greife ich zum ND64-Filter, der eine stärkere Lichtreduktion bietet und längere Belichtungszeiten ermöglicht.

Für sehr helles Licht oder Situationen, in denen ich sehr lange Belichtungszeiten benötige, nutze ich den ND512, ND1000 und ND2000. Diese Filter blockieren das Licht stark und erlauben mir, längere Belichtungszeiten zu verwenden, um beeindruckende Bewegungseffekte wie fliessendes Wasser oder weiche Wolken zu erzeugen.

Zusätzlich zu meinen ND-Filtern benutze ich auch einen Astroklar-Filter. Dieser Filter hilft mir, störende Lichtverschmutzung zu reduzieren und die Klarheit und Detailgenauigkeit meiner Nachtaufnahmen zu verbessern. Mit diesem Filter kann ich atemberaubende Astrofotografien ohne störende Lichtquellen aufnehmen und die Schönheit des Nachthimmels vollständig einfangen.

In Kombination ermöglichen mir diese Filter eine präzise Kontrolle über meine Belichtung und eröffnen mir eine Vielzahl kreativer Möglichkeiten, um die Schönheit der Landschaften, die ich fotografiere, vollständig einzufangen.

Technische Daten der Filter:

- ND8 Filter: Dieser Filter reduziert die Lichtmenge um 3 Blendenstufen. Er ist ideal für Situationen mit moderater Helligkeit, wo du eine leicht verlängerte Belichtungszeit verwenden möchtest.
- ND64 Filter: Dieser Filter reduziert die Lichtmenge um 6 Blendenstufen. Er eignet sich gut für helles Licht und ermöglicht längere Belichtungszeiten, um Bewegungseffekte zu erzielen oder eine grössere Blendenöffnung zu verwenden.
- ND512 Filter: Mit einer Reduktion um 9 Blendenstufen ist dieser Filter geeignet für extrem helles Licht und ermöglicht sehr lange Belichtungszeiten, selbst bei starkem Tageslicht.
- ND1000 Filter: Dieser Filter reduziert die Lichtmenge um 10 Blendenstufen und eignet sich hervorragend für sehr helle Bedingungen, wie zum Beispiel bei hellem Sonnenlicht, um lange Belichtungszeiten zu ermöglichen.
- ND2000 Filter: Mit einer Reduktion um 11 Blendenstufen ist dieser Filter besonders für extrem helles Licht geeignet, beispielsweise für Aufnahmen bei starker Sonneneinstrahlung oder in schneebedeckten Landschaften.

Verlaufsfilter: Der Hüter des Gleichgewichts

Verlaufsfilter sind wie die magischen Zauberer der Landschaftsfotografie, die das Licht an der richtigen Stelle lenken und kontrollieren können. Sie kommen besonders bei Szenen mit hohem Kontrast zum Einsatz, z. B. bei einem Sonnenuntergang hinter einem Berg. Der Verlaufsfilter dunkelt den hellen Himmel ab, während der Rest des Bildes unverändert bleibt, um ein ausgewogenes und natürlicheres Bild zu erzeugen. Mit diesem Trick kannst du den Dynamikumfang deiner Kamera erweitern und spektakuläre Landschaftsaufnahmen machen, die sonst unmöglich wären.

Polarisationsfilter: Der Meister der Reflexionen

Last but not least - der Polarisationsfilter, der unerwünschte Reflexionen bekämpft und die Farben deiner Landschaften zum Leuchten bringt. Dieser Filter reduziert Streulicht und Blendeffekte, indem er unerwünschte Lichtreflexionen blockiert und die Farben satter und kontrastreicher macht. Er ist besonders nützlich bei der Aufnahme von Landschaften mit Wasser oder Glasflächen, wo Reflexionen oft störend sein können. Mit einem Polarisationsfilter kannst du die Schönheit der Natur in ihrer reinsten Form einfangen und deine Landschaftsfotos auf ein neues Level heben.

In der Landschaftsfotografie sind Filter wie die magischen Zutaten, die den Unterschied zwischen einem guten Foto und einem grossartigen Foto ausmachen können. Indem du die richtigen Filter für deine Szene auswählst und gekonnt einsetzt, kannst du das volle Potenzial deiner Landschaftsaufnahmen entfesseln und die Schönheit der Natur in all ihrer Pracht einfangen.

2.5 Zubehör: Die Schätze im Rucksack eines Landschaftsfotografen

Last but not least - das Zubehör! Ein Fernauslöser kann dir helfen, Verwacklungen zu vermeiden, während ein Reinigungskit deine Ausrüstung in Topform hält. Vergiss auch nicht die Taschen und Rucksäcke, die deine Ausrüstung sicher und geschützt halten, egal wohin dein Abenteuer dich führt. Denn am Ende des Tages ist es das Zubehör, das den Unterschied zwischen einem guten Fotografen und einem grossartigen Fotografen ausmacht!

Fernauslöser: Der Schlüssel zur Stabilität

Ein Fernauslöser ist wie ein unsichtbarer Assistent, der dir hilft, Verwacklungen zu vermeiden und gestochen scharfe Bilder zu machen. Besonders bei Langzeitbelichtungen und Nachtaufnahmen ist ein Fernauslöser unverzichtbar, um Erschütterungen durch das manuelle Auslösen der Kamera zu vermeiden. Ob kabelgebunden oder drahtlos, ein Fernauslöser ermöglicht es dir, deine Kamera aus der Ferne zu bedienen und perfekte Aufnahmen zu machen, ohne das Bild zu verwischen.

Mein Tipp: Alternativen zum Fernauslöser

Wenn du kein Geld für einen Fernauslöser ausgeben möchtest, gibt es dennoch eine einfache Lösung, um Verwacklungen zu vermeiden: Nutze den Selbstauslöser deiner Kamera! Viele Kameras bieten die Option, einen Selbstauslöser mit einer Verzögerung von 2 bis 10 Sekunden einzustellen. Indem du diese Funktion verwendest, hast du genügend Zeit, um die Kamera auszulösen und sicherzustellen, dass sich keine Erschütterungen auf das Bild auswirken. So kannst du auch ohne Fernauslöser gestochen scharfe Aufnahmen machen und deine Landschaftsfotos auf das nächste Level bringen.

Reinigungskits: Die Hüter der Objektive

Ein sauberes Objektiv ist der Schlüssel zu klaren und gestochen scharfen Aufnahmen. Mit einem Reinigungskit in deinem Rucksack kannst du Staub, Fingerabdrücke und andere Verschmutzungen schnell und einfach entfernen. Ein Reinigungsstift, Blasebalg, Mikrofasertuch und Reinigungsflüssigkeit sind unverzichtbare Werkzeuge, um deine Ausrüstung in Topform zu halten und unerwünschte Unschärfen zu vermeiden.

Taschen und Rucksäcke: Die Beschützer deiner Ausrüstung

Nicht vergessen - Taschen und Rucksäcke, die deine wertvolle Ausrüstung sicher und geschützt halten, egal wohin dein Abenteuer dich führt. Ob eine kompakte Kameratasche für kurze Ausflüge oder ein robuster Rucksack für längere Expeditionen, die richtige Tasche ist wie ein sicherer Hafen für deine Kamera und Objektive. Achte auf gepolsterte Fächer, verstellbare Tragegurte und wasserabweisende Materialien, um deine Ausrüstung optimal zu schützen.

Mit diesem unverzichtbaren Zubehör in deinem Rucksack bist du bestens gerüstet, um die Schönheit der Natur in all ihrer Pracht einzufangen. Denn am Ende des Tages sind es die kleinen Dinge, die den Unterschied machen und deine Landschaftsfotos zu wahren Meisterwerken werden lassen.

3.0 TECHNIKEN UND TIPPS FÜR LANDSCHAFTSFOTOGRAFIE: WIE MAN SICH ZUM MEISTER DES SPIELS MACHT

In diesem Kapitel werfen wir einen Blick auf die Geheimnisse der Komposition, die Tricks für die perfekte Belichtung und die besten Methoden, um die Schönheit der Natur in all ihrer Pracht einzufangen. Denn seid gewiss, meine lieben Leserinnen und Leser, die Landschaftsfotografie ist kein Hexenwerk, sondern eine Kunst, die jeder erlernen kann - mit ein wenig Übung, Geduld und einer Prise gutem Humor!

Bereit, eure Kameras zu schultern und das Wissen zu erlangen, das euch zu wahren Meistern der Landschaftsfotografie machen wird? Dann lasst uns gemeinsam in die Welt der Techniken und Tipps eintauchen und herausfinden, wie wir das Spiel beherrschen können!

Wir werden einige praktische Tipps und Techniken durchgehen, um eure Landschaftsfotografie auf das nächste Level zu bringen. Lasst uns loslegen!

3.1 Praxisbeispiele:

3.1.1 Praxisbeispiel 1: Die Goldene Stunde nutzen

Die Goldene Stunde - jene magische Zeit kurz nach Sonnenaufgang und kurz vor Sonnenuntergang - bietet das perfekte Licht für stimmungsvolle Landschaftsaufnahmen. Nehmen wir an, ihr plant, einen malerischen See bei Sonnenuntergang zu fotografieren. Stellt sicher, dass ihr rechtzeitig am Ort seid, um das warme, weiche Licht der untergehenden Sonne einzufangen. Nutzt einen ND-Filter, um die Belichtung zu kontrollieren und den Himmel nicht überzubelichten. Ein Polarisationsfilter kann zudem helfen, Reflexionen auf der Wasseroberfläche zu reduzieren und die Farben zu verstärken.

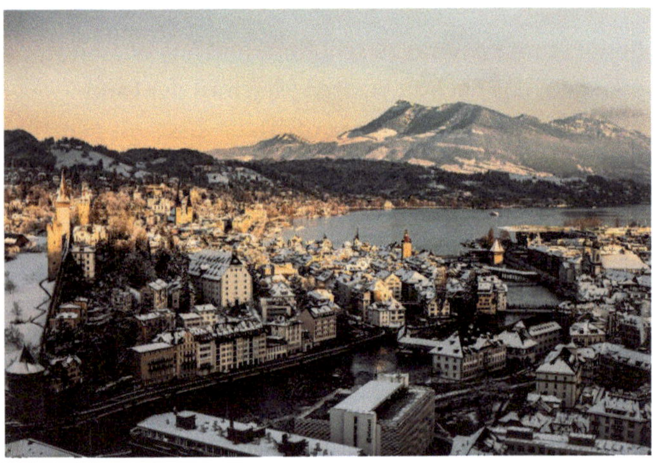

Abbildung 3 Luzern bei Winter

3.1.2 Praxisbeispiel 2: Kreative Kompositionen entdecken

Die Komposition ist entscheidend für eine gelungene Landschaftsaufnahme. Experimentiert mit verschiedenen Blickwinkeln, um einzigartige Perspektiven zu entdecken. Nehmt euch Zeit, um die Umgebung zu erkunden und nach interessanten Elementen zu suchen, die ihr in euer Bild integrieren könnt. Ein Verlaufsfilter kann dabei helfen, den Kontrast zwischen Himmel und Erde auszugleichen, während ein Weitwinkelobjektiv eine beeindruckende Tiefenwirkung erzeugen kann.

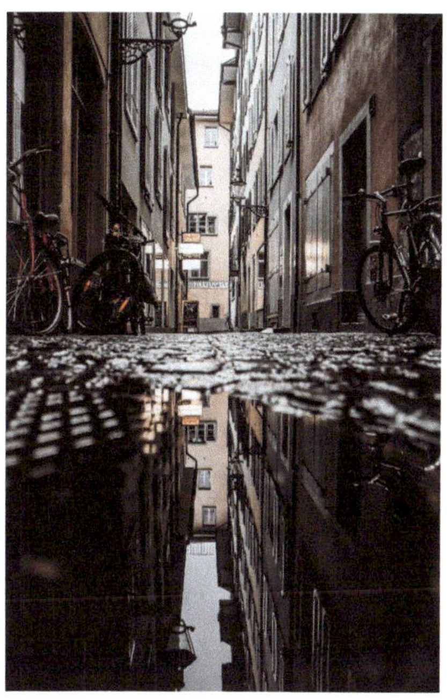

Abbildung 4 Brandgässli, Luzern

3.1.3 Praxisbeispiel 3: Den Fokus richtig setzen

Die Wahl des richtigen Fokuspunkts ist entscheidend für scharfe Landschaftsaufnahmen. Bei Landschaftsfotografie empfiehlt es sich oft, einen hyperfokalen Fokus einzustellen, um eine maximale Schärfentiefe zu erzielen und sowohl Vordergrund als auch Hintergrund klar und deutlich abzubilden. Verwendet dazu einen Stativ, um Verwacklungen zu vermeiden, und achtet darauf, dass der Fokuspunkt etwa ein Drittel in die Szene hinein und zwei Drittel nach hinten liegt.

3.1.4 Praxisbeispiel 4: Panoramaaufnahmen meistern

Panoramaaufnahmen bieten eine grossartige Möglichkeit, weitläufige Landschaften einzufangen und das Gefühl von Weite und Grösse zu vermitteln. Verwendet ein Weitwinkelobjektiv und dreht eure Kamera in horizontaler Richtung, um mehrere Bilder zu erfassen, die dann in der Nachbearbeitung zu einem nahtlosen Panorama zusammengesetzt werden. Ein stabiles Stativ und ein Nivellierkopf sind unerlässlich, um Verzerrungen zu vermeiden und eine gleichmässige Ausrichtung der Bilder sicherzustellen.

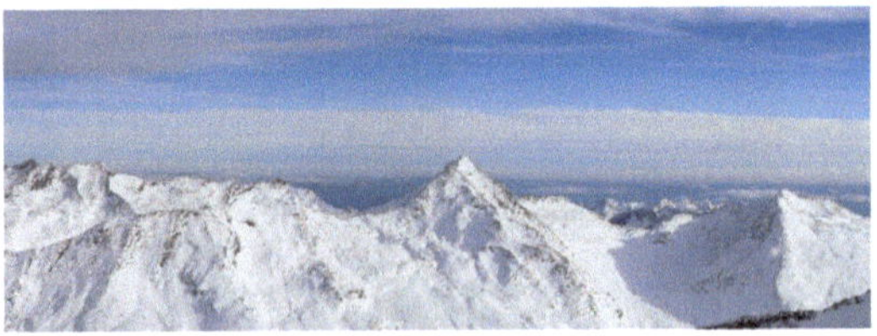

Abbildung 5 Panoramaausblick auf dem Allalinhorn

3.1.5 Praxisbeispiel 5: Langzeitbelichtungen für dramatische Effekte nutzen

Langzeitbelichtungen ermöglichen es, Bewegungseffekte wie fliessendes Wasser, vorbeiziehende Wolken oder sich bewegende Menschen oder Fahrzeuge einzufangen. Verwendet einen ND-Filter, um die Belichtungszeit zu verlängern und Bewegungsunschärfe zu erzeugen. Ein Stativ ist unerlässlich, um Verwacklungen zu vermeiden, und ein Fernauslöser ermöglicht es, die Kamera ohne Berührung auszulösen, was zusätzlich zur Stabilität beiträgt.

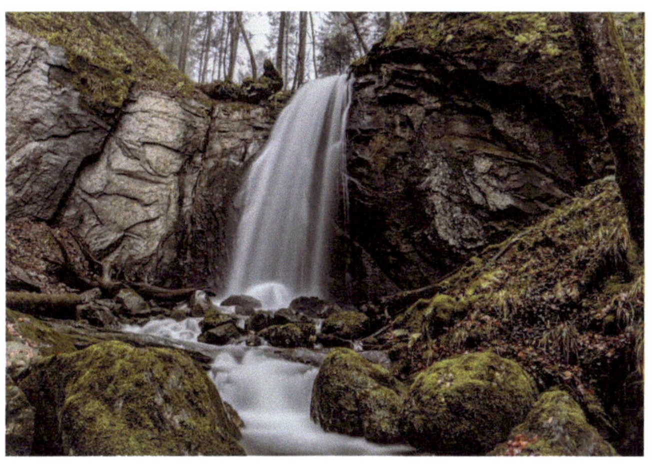

Abbildung 6 Langzeitbelichtung bei einem Wasserfall

3.1.6 Praxisbeispiel 6: Makrofotografie in der Landschaft

Makrofotografie ermöglicht es, kleine Details und Texturen in der Natur festzuhalten und die Schönheit im Kleinen zu entdecken. Verwendet ein Makroobjektiv oder Nahlinse, um Nahaufnahmen von Blumen, Pflanzen oder Insekten zu machen. Achtet auf eine präzise Fokussierung und eine geringe Tiefenschärfe, um das Hauptmotiv vom Hintergrund abzuheben. Ein leichtes Stativ kann hilfreich sein, um Verwacklungen zu minimieren und eine ruhige Hand zu gewährleisten.

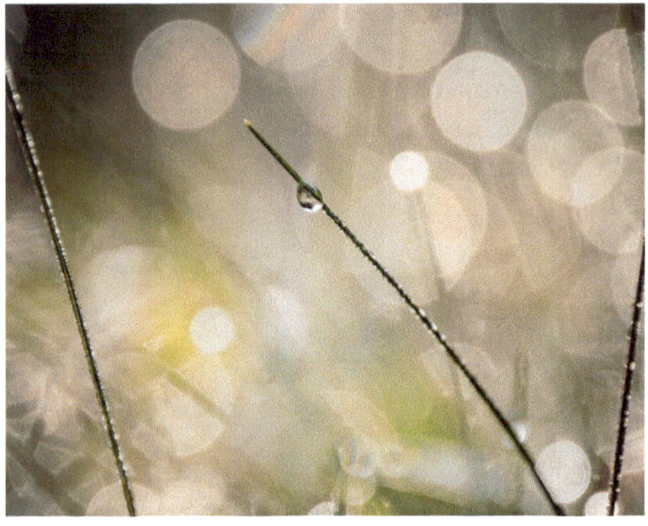

Abbildung 7 Tautropfen

3.1.7 Praxisbeispiel 7: Experimente mit Nachtaufnahmen

Nachtaufnahmen bieten eine einzigartige Möglichkeit, die Schönheit der Landschaft bei Nacht einzufangen und den Zauber des nächtlichen Himmels einzufangen. Verwendet einen Astroklar-Filter, um störende Lichtverschmutzung zu reduzieren und die Sichtbarkeit von Himmelsobjekten zu verbessern. Experimentiert mit verschiedenen Belichtungszeiten und ISO-Einstellungen, um die perfekte Balance zwischen Licht und Dunkelheit zu finden. Ein stabiles Stativ und ein Fernauslöser sind unerlässlich, um Verwacklungen zu minimieren und eine präzise Ausrichtung der Kamera zu gewährleisten.

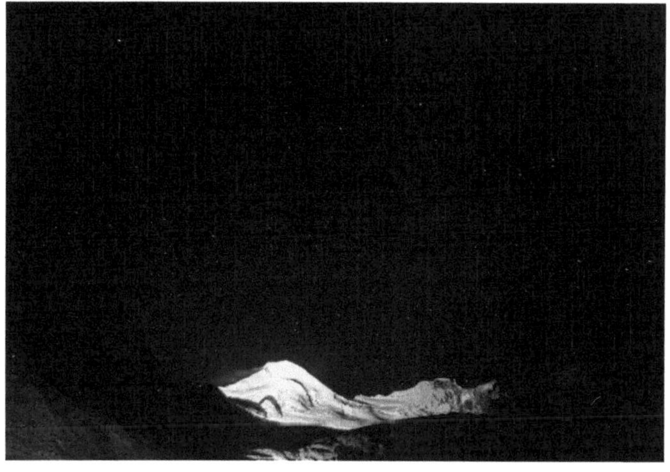

Abbildung 8 Allalin bei Nacht

3.1.8 Praxisbeispiel 8: Blendensterne

Ein weiteres faszinierendes Element in der Landschaftsfotografie sind Blendensterne, auch als Sonnensterne bekannt, die entstehen, wenn Lichtquellen wie die Sonne durch die Blende der Kamera scheinen. Um beeindruckende Blendensterne zu erzeugen, empfiehlt es sich, eine kleine Blendenöffnung zu verwenden, typischerweise zwischen f/16 und f/22. Je kleiner die Blendenöffnung, desto ausgeprägter werden die Strahlen um die Lichtquelle herum sein. Zusätzlich kann die Verwendung eines Weitwinkelobjektivs die Strahlenwirkung verstärken.

Tipp!

Es ist auch wichtig, die Sonne so zu positionieren, dass sie teilweise von einem Objekt verdeckt wird, um eine übermässige Belichtung zu vermeiden und die Strahlenwirkung zu verbessern. Experimentiere mit verschiedenen Einstellungen und Blickwinkeln, um den gewünschten Effekt zu erzielen und einzigartige Blendensterne in deinen Landschaftsaufnahmen zu integrieren.

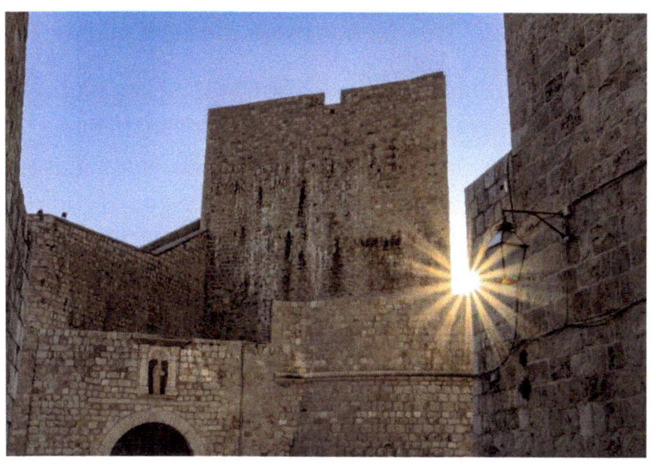

Abbildung 9 Blendenstern mit Blende f20

4.0 Die Psychologie des Lichts: Wie man die Magie des Sonnenlichts nutzt

In diesem Abschnitt sprechen wir über die verschiedenen Arten von Licht, die während des Tages auftreten, und wie man sie am besten für Landschaftsfotografie nutzt. Goldene Stunden, blaue Stunden, diffuses Licht und dramatische Lichtverhältnisse und wie sie die Stimmung und Atmosphäre eines Bildes beeinflussen können.

Licht ist nicht nur eine physikalische Erscheinung, sondern auch ein mächtiges Werkzeug, das die Stimmung, Atmosphäre und Wirkung eines Fotos massgeblich beeinflusst.

4.1 Die Goldene Stunde: Das magische Licht einfangen

Die Goldene Stunde, kurz nach Sonnenaufgang und kurz vor Sonnenuntergang, bietet das schönste und weichste Licht für Landschaftsaufnahmen. Nutzt diese Zeit, um warme und sanfte Töne einzufangen, die eure Bilder mit einer verträumten Atmosphäre erfüllen. Ein ND-Filter kann helfen, die Belichtung zu kontrollieren und die intensiven Kontraste des goldenen Lichts zu mildern, während ein Polarisationsfilter Reflexionen reduziert und die Farben verstärkt.

4.2 Die Blaue Stunde: Wenn der Himmel in Blau getaucht wird

Die Blaue Stunde, kurz vor Sonnenaufgang und kurz nach Sonnenuntergang, bietet ein magisches, kühles Licht, das die Landschaft in eine geheimnisvolle Stimmung hüllt. Nutzt diese Zeit, um dramatische und atmosphärische Bilder zu kreieren, die mit einer mystischen Aura erfüllt sind. Ein Stativ ist unerlässlich, um Verwacklungen bei den längeren Belichtungszeiten zu vermeiden, während ein ND-Filter helfen kann, die Belichtung zu kontrollieren und die dunklen Bereiche aufzuhellen.

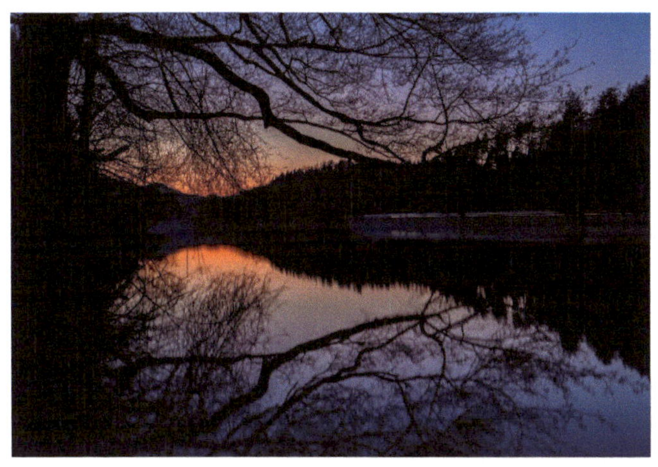

Abbildung 10 Sonnenuntergang bei Rotsee, Luzern

4.3 Diffuses Licht: Sanfte Schönheit in trüben Tagen

Auch an trüben Tagen kann das Licht magische Wirkung entfalten, indem es weich, gleichmässig und diffus ist. Nutzt diese Gelegenheit, um sanfte und stimmungsvolle Bilder zu machen, die von einer ruhigen Schönheit geprägt sind. Ein Stativ und ein Verlaufsfilter können helfen, den Kontrast auszugleichen und eine gleichmässige Belichtung zu erreichen, während ein Polarisationsfilter die Farben verstärkt und Reflexionen minimiert.

4.4 Tipp: Experimentiert mit verschiedenen Lichtverhältnissen und Filtern

Die Auswahl des richtigen Lichts und die Verwendung der richtigen Filter können einen grossen Unterschied in euren Landschaftsaufnahmen machen. Experimentiert mit verschiedenen Lichtverhältnissen und Filtern, um die Stimmung und Atmosphäre eurer Bilder gezielt zu beeinflussen. Ein ND-Filter kann helfen, die Belichtung zu kontrollieren und Bewegungseffekte zu erzielen, während ein Polarisationsfilter die Farben verstärkt und Reflexionen reduziert. Ein stabiles Stativ ist unerlässlich, um Verwacklungen zu vermeiden und eine präzise Ausrichtung der Kamera zu gewährleisten.

Indem ihr das Licht versteht und lernt, seine Magie zu nutzen, könnt ihr eure Landschaftsfotografie auf ein neues Level bringen und Bilder kreieren, die nicht nur die Augen, sondern auch die Seele berühren. Also geht hinaus in die Natur, öffnet eure Sinne für das Licht und lasst euch von seiner Schönheit inspirieren!

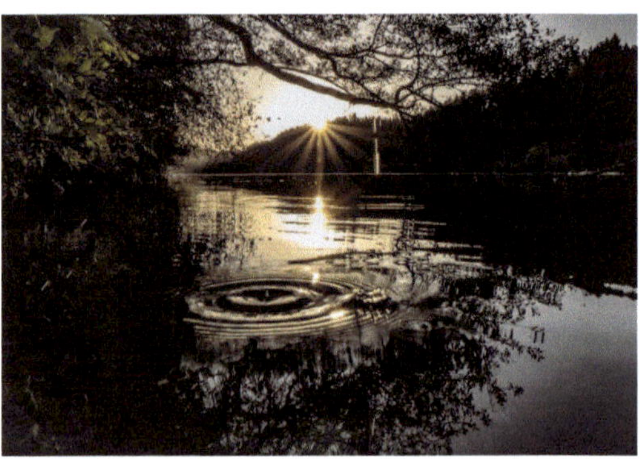

Abbildung 11 Sonnenuntergang mit Tropfen im Wasser

5.0 Die Könige der Komposition: Regeln brechen und Kreativität fördern

In diesem Kapitel thematisieren wir verschiedene Kompositionsregeln und wie man sie gezielt einsetzen oder auch bewusst brechen kann, um kreative und einzigartige Bilder zu schaffen. Wir gehen auf die Themen wie Einsatz von Linien, Mustern, Symmetrie und asymmetrischen Elementen ein, um interessante und ansprechende Kompositionen zu erreichen.

5.1 Den Regeln folgen oder brechen?

In der Welt der Landschaftsfotografie gibt es viele Regeln und Richtlinien, die uns dabei helfen sollen, bessere Bilder zu machen. Doch manchmal ist es gerade das Brechen dieser Regeln, das zu den interessantesten und kreativsten Bildern führt. Seid mutig und experimentiert mit ungewöhnlichen Blickwinkeln, unkonventionellen Kompositionen und unerwarteten Perspektiven, um eure Bilder mit einer einzigartigen Note zu versehen.

5.2 Die Macht der Linien und Muster

Linien und Muster sind wichtige Gestaltungselemente, die dazu beitragen können, die Aufmerksamkeit des Betrachters zu lenken und das Bild visuell interessant zu gestalten. Experimentiert mit verschiedenen Linienführungen und Mustern in euren Landschaftsaufnahmen, um die Dynamik und Tiefe eurer Bilder zu erhöhen. Ein Weitwinkelobjektiv kann helfen, breite Landschaften einzufangen und Linienperspektiven zu verstärken, während ein Polarisationsfilter Reflexionen reduziert und die Farben verstärkt.

5.3 Tipp: Spielt mit Symmetrie und Asymmetrie

Symmetrie und Asymmetrie sind zwei wichtige Kompositionsprinzipien, die verschiedene visuelle Wirkungen erzeugen können. Experimentiert mit symmetrischen Motiven, um ein Gefühl von Harmonie und Balance zu schaffen, oder spielt mit asymmetrischen Anordnungen, um Spannung und Interesse zu erzeugen. Ein Verlaufsfilter kann helfen, den Kontrast auszugleichen und die Symmetrie eines Bildes zu verstärken, während ein Stativ eine stabile Basis bietet, um präzise Kompositionen zu erstellen.

5.4 Brecht die Regeln, aber mit Bedacht

Das Brechen der Regeln kann zu kreativen und einzigartigen Bildern führen, aber es ist wichtig, dies mit Bedacht zu tun. Versteht die Grundlagen der Komposition und lernt, wie ihr sie gezielt einsetzen könnt, um eure kreative Vision zum Ausdruck zu bringen. Experimentiert mit verschiedenen Techniken und Anwendungen und lasst euch von eurer Intuition leiten, um Bilder zu schaffen, die nicht nur schön anzusehen sind, sondern auch eine Geschichte erzählen und Emotionen wecken.

Indem ihr die Regeln der Komposition brecht und eure kreative Vision zum Ausdruck bringt, könnt ihr einzigartige und fesselnde Landschaftsaufnahmen kreieren, die die Herzen der Betrachter berühren und eure persönliche Handschrift tragen. Also nehmt eure Ausrüstung, geht hinaus in die Natur und lasst eurer Kreativität freien Lauf!

5.5 Praxisbeispiele

5.5.1 Praxisbeispiel 1: Unkonventionelle Perspektiven

Statt immer nur auf Augenhöhe zu fotografieren, brecht die Regeln, indem ihr unkonventionelle Perspektiven einsetzt. Legt euch zum Beispiel flach auf den Boden, um eine niedrige Perspektive zu erhalten und die Landschaft aus einer ungewöhnlichen Sichtweise zu erfassen. Oder sucht nach erhöhten Standorten wie Felsen oder Hügeln, um eine Vogelperspektive zu bekommen und die Landschaft von oben herab zu betrachten.

5.5.2 Praxisbeispiel 2: Spiel mit Symmetrie und Asymmetrie

Anstatt immer auf perfekte Symmetrie zu achten, spielt mit asymmetrischen Anordnungen, um Spannung und Interesse zu erzeugen. Zum Beispiel könnt ihr einen markanten Felsbrocken in den Vordergrund rücken lassen, der das Gleichgewicht des Bildes stört, aber gleichzeitig eine starke visuelle Wirkung hat. Oder brecht die Symmetrie, indem ihr bewusst einen Teil des Bildes leer lasst, um die Aufmerksamkeit auf das Hauptmotiv zu lenken.

5.5.3 Praxisbeispiel 3: Experimente mit Linien und Mustern

Anstatt immer nach perfekten Linien und Mustern zu suchen, experimentiert mit ungewöhnlichen und abstrakten Formen, die eure Bilder visuell interessant machen. Sucht nach natürlichen Linien in der Landschaft, wie zum Beispiel einem verzweigten Flusslauf oder einer welligen Sanddüne, und betont sie in euren Bildern. Oder sucht nach interessanten Mustern, die durch Licht und Schatten, Wolkenformationen oder Vegetation erzeugt werden, und integriert sie kreativ in eure Kompositionen.

5.5.4 Praxisbeispiel 4: Kreative Nutzung von Licht und Schatten

Anstatt immer nach gleichmässigem Licht zu suchen, spielt mit den Kontrasten von Licht und Schatten, um eine dramatische und atmosphärische Stimmung zu erzeugen. Fotografiert zum Beispiel während der goldenen Stunde, wenn das Licht weich und warm ist, und betont die langen Schatten, die von Bäumen oder Felsen geworfen werden. Oder sucht nach interessanten Lichtbrechungen, wie zum Beispiel durch dichte Nebelschwaden oder vorbeiziehende Wolken, und nutzt sie, um eure Bilder mit einer geheimnisvollen Aura zu versehen.

Indem ihr die Regeln der Komposition bewusst brecht und euch auf eure kreative Intuition verlasst, könnt ihr einzigartige und fesselnde Landschaftsaufnahmen kreieren, die sich von der Masse abheben und die Betrachter zum Staunen bringen. Also seid mutig, experimentiert und lasst eurer Kreativität freien Lauf!

6.0 Geheime Orte und Versteckte Schätze: Die Kunst der Standortwahl

In diesem Kapitel werden wir darüber sprechen, wie ihr die versteckten Schätze der Natur entdecken und die schönsten Orte finden könnt, um eure Landschaftsfotografie aufzuwerten. Ich werde Tipps geben, wie man Recherchen durchführt, sich vorbereitet und die Schönheit der Natur an Orten einfängt, die nicht von Touristen überlaufen sind.

6.1 Die Suche nach Geheimtipps: Wie man versteckte Juwelen findet

Um die besten Orte für Landschaftsfotografie zu finden, müsst ihr oft abseits ausgetretener Pfade suchen. Fragt Einheimische, erforscht Wanderwege abseits der Touristenpfade und haltet Ausschau nach ungewöhnlichen Orten auf Karten und in Reiseführern. Geheime Orte und versteckte Schätze warten darauf, von euch entdeckt und in euren Bildern verewigt zu werden.

6.2 Die Bedeutung der Vorbereitung: Planung ist der Schlüssel

Bevor ihr euch auf den Weg macht, um neue Orte zu erkunden, plant eure Ausflüge sorgfältig im Voraus. Recherchiert das Wetter, die besten Zeiten für das Fotografieren und die Zugänglichkeit des Ortes. Denkt auch an eure Ausrüstung: Packt eure Kamera, Objektive, Filter und Stativ ein, um auf jede fotografische Situation vorbereitet zu sein.

6.3 Tipp: Nutzt spezielle Filter für spezielle Orte

Je nach Art des Ortes, den ihr fotografieren möchtet, kann es sinnvoll sein, spezielle Filter in eure Ausrüstung aufzunehmen. Zum Beispiel könnt ihr einen Polarisationsfilter verwenden, um Reflexionen auf Wasserflächen zu reduzieren und die Farben zu verstärken, wenn ihr an einem See oder Fluss fotografiert. Oder ein Verlaufsfilter kann helfen, den Kontrast zwischen Himmel und Erde auszugleichen, wenn ihr in den Bergen oder am Meer seid.

6.4 Die Macht des Timings: Das richtige Licht zur richtigen Zeit

Das Timing ist entscheidend für eine gelungene Landschaftsfotografie. Plant eure Ausflüge so, dass ihr zur goldenen oder blauen Stunde vor Ort seid, wenn das Licht besonders weich und stimmungsvoll ist. Vergesst nicht, dass auch das Wetter eine Rolle spielt: Regen, Nebel oder Wolken können einer Landschaft eine ganz besondere Atmosphäre verleihen.

6.5 Tipp: Ein stabiles Stativ für langsame Belichtungen

Um die bestmöglichen Ergebnisse aus euren Landschaftsaufnahmen herauszuholen, ist ein stabiles Stativ unerlässlich. Besonders wenn ihr mit langen Belichtungszeiten arbeitet oder in Situationen mit wenig Licht fotografiert, kann ein Stativ Verwacklungen vermeiden und euch erlauben, gestochen scharfe Bilder zu machen.

Indem ihr die Kunst der Standortwahl beherrscht und euch auf die Suche nach geheimen Orten und versteckten Schätzen macht, könnt ihr eure Landschaftsfotografie auf ein neues Level heben und Bilder schaffen, die nicht nur schön anzusehen sind, sondern auch eine Geschichte erzählen und Emotionen wecken. Also packt eure Ausrüstung, geht hinaus in die Natur und lasst euch von ihrer Schönheit inspirieren!

6.6 Praxisbeispiele

6.6.1 Praxisbeispiel 1: Abseits der ausgetretenen Pfade

Statt sich an überfüllten Touristenattraktionen aufzuhalten, sucht nach abgelegenen Orten, die weniger bekannt sind. Erkundet abgelegene Wanderwege, versteckte Wasserfälle oder unberührte Küstenabschnitte, um einzigartige und weniger gesehene Perspektiven zu finden. Mit einer guten Vorbereitung und Ausrüstung wie einem stabilen Stativ könnt ihr auch in entlegenen Gebieten beeindruckende Aufnahmen machen.

6.6.2 Praxisbeispiel 2: Die Macht der Jahreszeiten nutzen

Nutzt die Veränderungen der Jahreszeiten, um unterschiedliche Aspekte der Landschaft zu erkunden und zu fotografieren. Im Frühling könnt ihr blühende Blumenwiesen oder erwachende Wälder festhalten, während der Herbst mit seinen bunten Laubwäldern und nebligen Morgenstunden zauberhafte Motive bietet. Eine Auswahl an Filtern wie Verlaufs- oder Polarisationsfilter kann helfen, die Farben und Kontraste in verschiedenen Lichtverhältnissen zu kontrollieren.

6.6.3 Praxisbeispiel 3: Stimmungsvolle Aufnahmen bei Nacht

Erkundet die Möglichkeiten der nächtlichen Landschaftsfotografie, um die Schönheit der Dunkelheit einzufangen. Sucht nach abgelegenen Orten mit geringer Lichtverschmutzung, um klare Sternenhimmel oder faszinierende Nachtszenen zu fotografieren. Ein stabiles Stativ und Filter wie ein Astroklar-Filter können helfen, die Details des nächtlichen Himmels klar und scharf festzuhalten.

6.6.4 Praxisbeispiel 4: Die Kraft des Wassers einfangen

Wasser bietet unzählige Möglichkeiten für fesselnde Landschaftsaufnahmen. Sucht nach Flüssen, Seen oder Wasserfällen, um die Dynamik und Bewegung des Wassers einzufangen. Experimentiert mit verschiedenen Belichtungszeiten, um fliessendes Wasser einzufrieren oder weichzuzeichnen und eine emotionale Tiefe in euren Bildern zu erzeugen. Ein stabiles Stativ ist dabei unerlässlich, um Verwacklungen zu vermeiden und gestochen scharfe Aufnahmen zu machen.

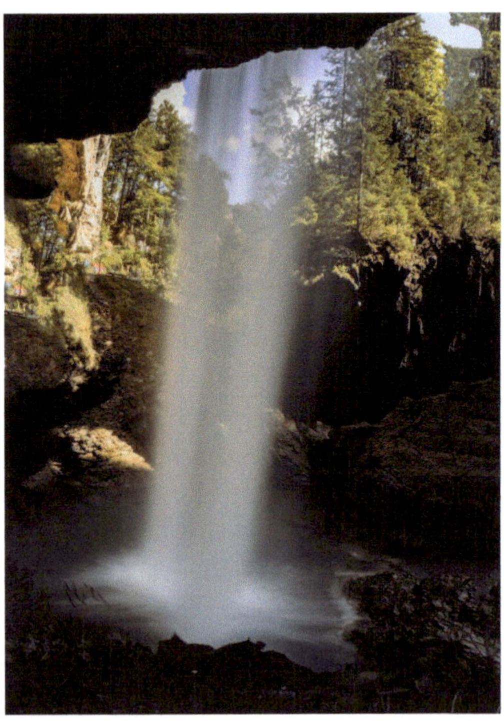

7.0 Die Komödie der Fehlschüsse: Lustige Missgeschicke in der Landschaftsfotografie

Ah, die Landschaftsfotografie - eine Welt voller atemberaubender Schönheit, epischer Abenteuer und ... nun ja, auch einer guten Portion lustiger Missgeschicke! Denn seien wir ehrlich, meine lieben Freunde, hinter jeder grossartigen Landschaftsaufnahme verbirgt sich oft eine Geschichte voller unerwarteter Hindernisse, ungeschickter Pannen und amüsanter Fehlschüsse.

In diesem Kapitel wollen wir diese lustigen Seiten der Landschaftsfotografie erkunden und uns gemeinsam über die kuriosen Situationen amüsieren, denen wir alle schon einmal begegnet sind oder hoffentlich nicht begegnen- sei es das Stolpern über Wurzeln auf dem Weg zum perfekten Standort, das Verlieren des Objektivdeckels in den tiefen Abgründen der Natur oder das versehentliche Fotografieren des eigenen Fingers vor der Linse (ja, wir alle haben es schon mal gemacht!).

Also lehnt euch zurück, entspannt euch und lasst uns gemeinsam über die Komödie der Fehlschüsse in der Landschaftsfotografie lachen. Denn am Ende des Tages ist es genau diese Leichtigkeit und dieser Humor, die unsere Leidenschaft für die Fotografie am Leben erhalten!

7.1 Praxisbeispiel 1: Der vergessene ND-Filter

Es passiert den Besten von uns: Man steht an einem wunderschönen Ort, bereit für die perfekte Langzeitbelichtung, und plötzlich fällt einem ein, dass man den ND-Filter zu Hause vergessen hat. Die Lösung? Stellt die Kamera auf den manuellen Modus und wählt die kleinste Blendenöffnung (z.B. f/22) und die niedrigste ISO-Empfindlichkeit, um die Belichtungszeit zu verlängern. Auch wenn es nicht perfekt ist, könnt ihr dennoch einige interessante Effekte erzielen.

7.2 Praxisbeispiel 2: Das wackelige Stativ

Ein wackeliges Stativ kann ein echter Stimmungskiller sein, besonders wenn man versucht, eine Langzeitbelichtung oder eine scharfe Aufnahme bei schwachem Licht zu machen. Tipp: Investiert in ein hochwertiges und stabiles Stativ, das für eure Kamera und Ausrüstung geeignet ist. Achtet auch darauf, dass es auf unebenem Gelände gut ausbalanciert ist und verwendet gegebenenfalls einen Stativfuss oder eine Beschwerung, um zusätzliche Stabilität zu gewährleisten.

7.3 Praxisbeispiel 3: Der verpatzte Fokus

Es gibt nichts Frustrierenderes als nach einem langen Spaziergang zu einem atemberaubenden Aussichtspunkt festzustellen, dass alle eure Aufnahmen unscharf sind, weil ihr den Fokus falsch eingestellt habt.

Tipp: Nehmt euch Zeit, um den manuellen Fokus genau einzustellen und verwendet bei Bedarf Hilfsmittel wie die Fokus-Peaking-Funktion oder eine Lupe im Live-View-Modus, um sicherzustellen, dass das Hauptmotiv scharf ist.

7.4 Praxisbeispiel 4: Der verpasste Moment

Es ist wie verhext: Ihr wartet geduldig auf den perfekten Augenblick, um den Auslöser zu drücken, und genau in dem Moment, in dem ihr abdrückt, fliegt ein Vogel vorbei oder ein Reh läuft durch das Bild und verschwindet wieder, bevor ihr reagieren könnt. Tipp: Haltet eure Kamera ständig einsatzbereit und achtet auf eure Umgebung. Seid bereit, schnell zu reagieren und den Auslöser im richtigen Moment zu drücken, um den magischen Augenblick einzufangen.

7.5 Praxisbeispiel 6: Der plötzliche Regenschauer

Ihr habt den perfekten Ort gefunden, die Kamera ist bereit, das Licht ist magisch, und plötzlich öffnen sich die Himmelstore und ein Regenschauer stürzt auf euch herab. Tipp: Behaltet immer das Wetter im Auge und seid auf unerwartete Wetterumschwünge vorbereitet. Packt eine Regenschutzhülle für eure Kamera ein und überlegt euch Alternativpläne, wie zum Beispiel das Fotografieren unter einem schützenden Baum oder einer Überdachung.

7.6 Praxisbeispiel 7: Der unerwartete Besucher

Ihr habt einen abgelegenen Ort gefunden, um die Natur in aller Ruhe zu fotografieren, aber plötzlich taucht ein neugieriger Hund oder ein neugieriger Wanderer auf und stört eure Aufnahme. Tipp: Sucht nach weniger frequentierten Orten oder fotografiert zu Zeiten, an denen weniger Menschen unterwegs sind, um unerwünschte Störungen zu minimieren. Wenn jemand auftaucht, seid höflich und erklärt, was ihr macht, und vielleicht könnt ihr sogar einen interessanten Dialog führen.

7.7 Praxisbeispiel 7: Die Stolperfalle

Ihr findet einen grossartigen Standort für euer Foto, baut euer Stativ auf und positioniert die Kamera perfekt. Doch während ihr euch auf das Motiv konzentriert, stolpert ihr über ein verstecktes Hindernis und euer Stativ kippt um, wobei die Kamera fast in den Fluss fällt. Tipp: Achtet immer auf eure Umgebung und markiert potenzielle Stolperfallen, um Unfälle zu vermeiden. Und vergesst nicht, das Stativ richtig zu sichern, damit es nicht umkippen kann.

7.8 Praxisbeispiel 8: Der falsche Zeitpunkt

Ihr habt euch frühmorgens aufgemacht, um den Sonnenaufgang über dem Meer zu fotografieren, nur um festzustellen, dass ihr am falschen Ort steht und die Sonne hinter einer dichten Wolkendecke aufgeht. Tipp: Plant eure Fotosessions im Voraus und überprüft das Wetter und die Lichtverhältnisse, um sicherzustellen, dass ihr zum richtigen Zeitpunkt am richtigen Ort seid. Und vergesst nicht, auch einen Plan B zu haben, falls die Dinge nicht wie geplant laufen.

Danksagung

Liebe Familie, Freunde und Kollegen,

ich möchte diese Gelegenheit nutzen, um euch allen meinen herzlichsten Dank auszusprechen. Eure Unterstützung, euer Vertrauen und eure unermüdliche Ermutigung haben mich auf meiner fotografischen Reise begleitet und inspiriert. Ohne eure Liebe, euren Rat und eure Unterstützung wäre dieses Buch nicht möglich gewesen.

An meine Familie: Vielen Dank, dass ihr immer an meiner Seite seid, mich ermutigt und unterstützt habt, meine Leidenschaft für die Fotografie zu verfolgen. Eure Liebe und euer Rückhalt bedeuten mir alles.

Ich möchte mich bei euch auch für eure unglaubliche Geduld und Unterstützung bedanken. Ihr seid meine wahren Helden, die oft an einem Ort ausharren mussten, während ich geduldig darauf bestand, dass "nur noch dieses eine Foto" gemacht werden musste. Eure Bereitschaft, meine fotografischen Eskapaden zu unterstützen und mit einem Lächeln auf den Lippen zu warten, bis ich mein perfektes Bild im Kasten hatte, ist unbezahlbar.

Obwohl es manchmal, wie eine Ewigkeit erschienen sein mag, bis ich endlich zufrieden war, wart ihr immer an meiner Seite, mit eurer Geduld, eurem Verständnis und eurem unerschütterlichen Humor. Eure Opferbereitschaft, euren eigenen Komfort und eure Zeit für meine Leidenschaft zu opfern, bedeutet mir mehr, als Worte es ausdrücken können.

An meine Freunde und Kollegen: Danke, dass ihr mich stets ermutigt habt, meine Grenzen zu überschreiten und kreativ zu sein. Eure Anregungen, Tipps und die gemeinsamen Abenteuer haben meine fotografische Reise bereichert und mir geholfen, als Fotograf zu wachsen.

Ein besonderer Dank geht auch an meine Kunden und Follower, die meine Arbeit schätzen und unterstützen. Eure positive Resonanz und euer Feedback motivieren mich täglich, meine Fähigkeiten weiter zu verbessern und mein Handwerk zu perfektionieren.

Mit grosser Dankbarkeit und Freude,

Roger

Online-Zusatz

Liebe Leserin, lieber Leser,

herzlich willkommen zum Ende unserer Reise durch die faszinierende Welt der Landschaftsfotografie! Ich hoffe, dieses Buch hat dir nicht nur praktische Tipps und Techniken vermittelt, sondern auch deine Leidenschaft für die Fotografie weiter entfacht.

Möchtest du mehr von meiner Arbeit sehen und auf dem Laufenden bleiben? Besuche meine Homepage unter rogerhphoto.ch und folge mir auf Instagram (@rogerhuegiphoto). Dort teile ich regelmässig neue Fotos, Geschichten hinter den Kulissen und Tipps zur Fotografie.

Erhalte nun exklusive Einblicke in die technischen Details und Standortinformationen auf meiner Webseite unter rogerhphoto.ch.
Dort findest du einen passwortgeschützten Bereich mit Informationen und Kameraeinstellungen zu den 12 ausgewählten Bildern aus diesem Buch.
Das Passwort für den Zugang lautet:
MeisterDerLandschaft

Viel Spass beim Erkunden!

Ich freue mich darauf, dich auch weiterhin auf deiner fotografischen Reise begleiten zu dürfen!

Herzliche Grüsse, Roger

Zusatz zum Buch

Social Media

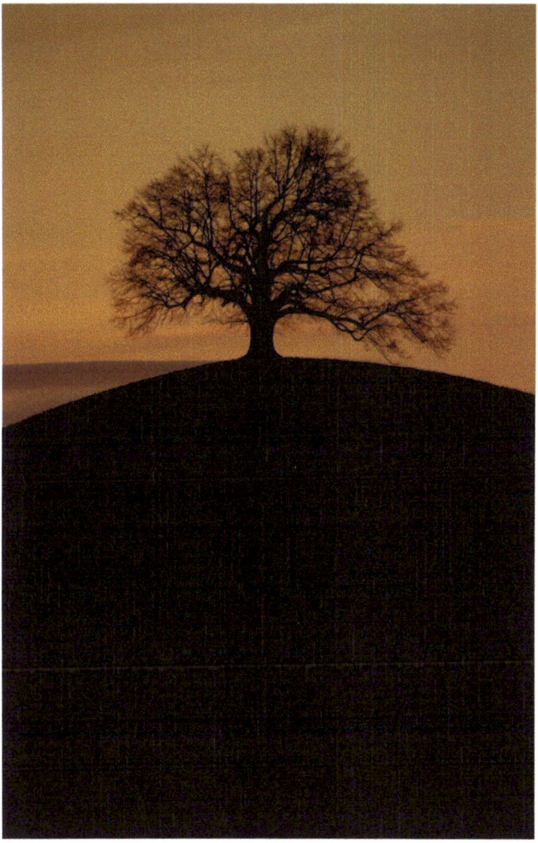

Blende

Die Blende kontrolliert die Menge des einfallenden Lichts in die Kamera.

Je kleiner die Zahl (z.B. f1.4), desto grösser die Öffnung und mehr Licht gelangt in die Kamera.

Je größer die Zahl (z.B. f22), desto kleiner die Öffnung und weniger Licht gelangt in die Kamera.

f/22 f/11 f/8 f/5.6 f/4 f/2.8 f/2 f/1.4

Die Blende beeinflusst Tiefenschärfe:
- Kleinere F-Zahlen (grössere Öffnungen) erzeugen geringere Tiefenschärfe (hintergrundunschärfe),
- Grössere F-Zahlen (kleinere Öffnungen) erzeugen grössere Tiefenschärfe.

Bokeh Effekte / Low Light	Landschaft	Langzeitaufnahmen
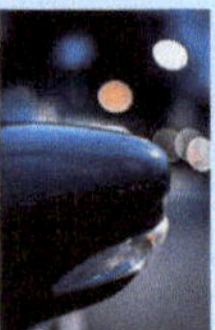	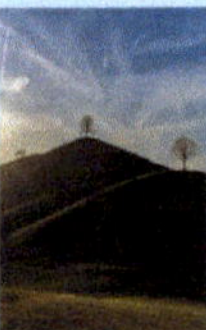	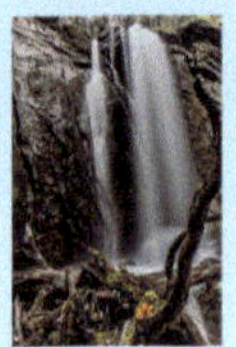
f/1.4	f/8 - f/16	f/16 - f/32

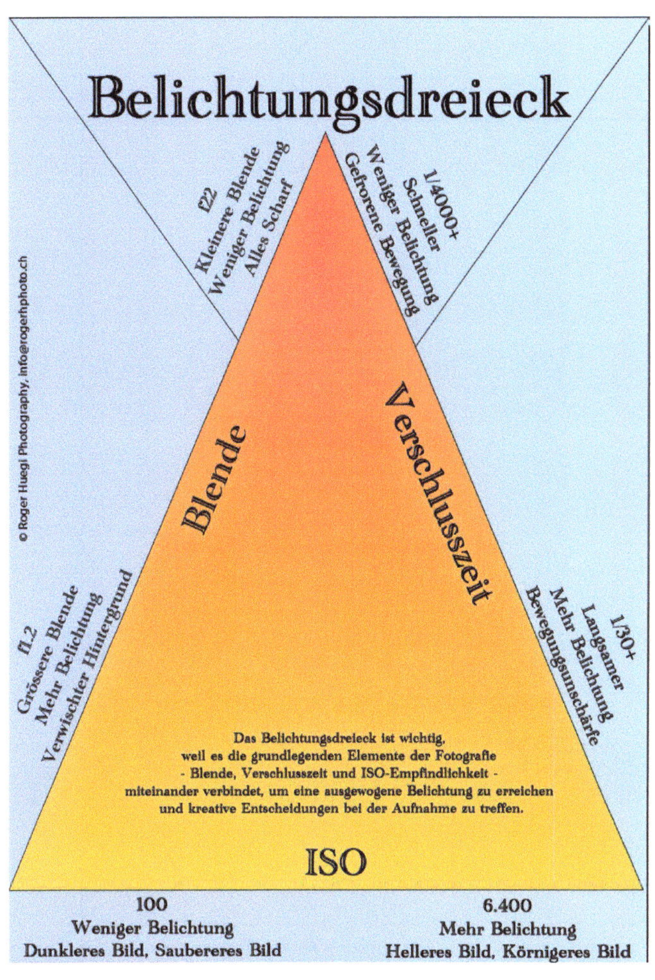

Dieser Spickzettel ist auch online verfügbar, sodass du ihn immer zur Hand hast, wenn du unterwegs bist oder schnell nachschlagen möchtest.